ARMIN HELLER

Einfach leben

UND DIE ZEIT GENIESSEN

kiefel

Das Wunder jeden neuen Morgens

Aufwachen ist ein Wunder, das man jeden Morgen neu erleben darf, und das uns dankbar macht. Es ist wie die Rückkehr von einer langen Reise. Ich bin wieder da, mich gibt es noch! Noch genießt man die Wärme des Bettes, fühlt sich wohl und ausgeruht, streckt sich und weiß: Jetzt ist man bereit, den Tag anzunehmen mit allem, was er bringen mag, Erfreuliches ebenso wie neue Probleme. Aber es liegt ja an einem jeden selbst, wie er die Dinge interpretiert und was er daraus macht. So geht man voller Zuversicht in diesen neuen Tag, bereit, ihn als eine neue Chance zu begreifen.

Das Gewohnte neu sehen

Alles, was uns umgibt, kann uns zur Freude und zum Ärger dienen. Den Dingen ist das gleichgültig. Es liegt an unserer Wahrnehmung, ob wir uns freuen oder aufregen oder ob uns etwas so vollkommen unwichtig ist, daß wir es nicht bemerken. Nichts verbietet uns, den Geschmack unserer Zahnpasta, den Duft unserer Seife, das Prickeln der morgendlichen Dusche zu mögen. Seine Wohnungstüre abzuschließen bedeutet auch, daß man einen Ort hat, an den man zurückkehren kann. Wenn man Arbeit hat, schließt das Stress, Probleme und Mühen nicht aus. Aber man kann es auch genießen, gefordert zu sein, etwas zu leisten, mit Menschen zusammen zu sein und den Lohn zu bekommen, der das Leben angenehm macht.

Sich Zeit für sich selbst nehmen

Essen ist für uns eine Notwendigkeit. In der Regel essen wir dreimal täglich. Da bleibt es nicht aus, daß wir aus Gewohnheit in uns hineinschaufeln, was wir gerade vorfinden. Dann wird essen zur Routine, ein stupider Reflex, um den leeren Magen abzufüllen. Damit verpassen wir eine wunderbare Chance, etwas für unser Wohlbefinden zu tun. Denn Essen ist immer auch eine kleine Insel in der Hektik des Alltags. Es kommt nicht so sehr darauf an, wie lange wir essen, sondern es ist vielmehr von Bedeutung, daß wir die Möglichkeit haben, uns gleich mehrfach etwas Gutes zu tun: Wir nehmen uns Zeit für uns und genießen, was wir tun.

Safran Bourbon
Raz.El.Hanout
Brochettes
Quatre

Geborgenheit finden in der Gemeinschaft

Wer möchte wirklich mit Robinson tauschen? Niemand kann ohne andere Menschen auskommen. Selbst der Zyniker wünscht sich ein Gegenüber. Und Menschen wie du und ich möchten ohne das Vertrauen, das aus der Gemeinschaft mit anderen Menschen erwächst, nicht leben. Denn wir alle suchen Bestätigung, möchten uns von anderen, wenigstens von einem Menschen, angenommen wissen. Wir suchen die Nähe anderer und besonders derjenigen, denen unsere Nähe sympathisch ist. Daraus entspringt das Gefühl der Geborgenheit, des Aufgehobenseins im Leben. Wer mit Freunden zusammen ist, kann diese Empfindung aus tiefstem Herzen genießen.

FREDEN
ODDEN HAVN

Die Sinne schärfen für das Neue

Tapetenwechsel, raus aus dem Alltag, etwas ganz anderes machen! Große Erwartungen für durchschnittlich vierzehn Tage Urlaub. Kein Wunder, daß der Alltagsstreß nur durch den Urlaubsstreß ersetzt wird. Da bleibt keine Zeit, die schönste Zeit des Jahres zu genießen. Wer ein bestimmtes Programm absolvieren will und nicht genügend Muße findet, um die neuen Eindrücke in sich aufzunehmen, hat ebenso wenig Zeit zum Genießen, wie der, dem die Tage im stumpfsinnigen Trott vergehen. Auch für den Urlaub gilt es, das rechte Maß zu finden. Denn wann könnte man sein Leben besser genießen, als wenn man in unbeschwerter Zeit alle Sinne für Anderes und Neues öffnet und jeden Augenblick auskostet, der anders ist als der gewöhnliche.

Sich dem Wesentlichen zuwenden

Genuß setzt Hingabe voraus. Alles, was diese Konzentration auf das Wesentliche stört, hat zu verstummen. Sich hinwenden bedeutet zugleich auch, sich von etwas abzuwenden. Viele Menschen sind der Musik dankbar, weil sie genau das von ihnen fordert. Ob Klassik oder Unterhaltungsmusik – Genuß stellt sich ein, wenn die Sinne unbelastet sind von Sorgen, wenn sie, von Hektik befreit, sich ganz dem Wesen der Klänge öffnen können. Wunderbarerweise ist der Genuß in dem Maße größer, in dem man sich selbst zurücknimmt und sich öffnet für den dargebotenen Zauber.

Offen sein für das Überraschende

Etwas bewundern zu können, ist auch eine Kunst. Denn man muß bereit sein, sich überraschen zu lassen, zu entdecken, was man noch nie vorher so erfahren hat. Die Künstler schenken uns neues Sehen, neues Hören, öffnen unsere Sinne für Licht, Formen, Farben und Klänge, die unsere Empfindungen berühren, unsere Wahrnehmung, unser Leben bereichern. Sie schaffen eine neue Dimension innerhalb unserer Wirklichkeit, die uns daran erinnert, daß es neben unseren Mühen und Sorgen, Sphären des Wunderbaren und Schönen gibt.

Phantasiereisen in innere Landschaften

Lesen ist Kino im Kopf. Der Autor liefert die Handlung, die inneren Bilder dazu entwirft der Leser. Er gibt dem Schauplatz und den Figuren Gestalt und Farbe. Schnell wie ein Gedanke begibt er sich an den gewählten Ort und in eine andere Zeit. Beim Lesen kann jeder Urlaub vom Alltag machen, kann in der Phantasie reisen, wohin er sich entführen lassen will, kann Gedanken denken, die er nie zuvor gedacht hat, kann Gefühle erleben, die ihn berühren. Ob er sich der Bibliotheken, der Archive des Menschheitswissens bedient, oder in einem Krimi schmökert: Jedes Buch ist ein Wunder aus sechsundzwanzig Buchstaben.

Glück kann man lernen

Wenn wir unglücklich sind, spüren wir das ganz genau. Aber wie fühlen wir uns, wenn wir nicht unglücklich sind? Sind wir dann schon glücklich? Unsere Möglichkeiten zum Glück sind sehr viel größer, als wir glauben. Wahrhaft glücklich ist, wer sein Glück nicht den Launen des Schicksals überläßt, sondern seine Möglichkeiten zur Freude wahrnimmt. Und sie bieten sich uns täglich: Jede Blume sagt es uns, jedes Lächeln bestätigt es, jede herzliche Geste beweist es, jedes freundliche Wort verheißt es uns aufs Neue.

Ruhe finden in der Natur

Spazierengehen ist meditieren. Das Gleichmaß der Schritte läßt uns ruhiger werden. In der Natur finden wir, was wir lange vermißten. Allmählich entdecken wir wieder die Kleinigkeiten. Steine, Hölzer, Blätter, Knospen, alles erinnert uns daran, daß das Leben nicht nur aus Arbeit am Schreibtisch oder in der Fabrik, im Haushalt oder im Geschäft besteht. Klare Luft weitet unsere Lungen und schenkt uns das Gefühl innerer Reinigung. Auf unserem Lebensweg gehen wir über die Erde und durch unsere Zeit, und wir sind dankbar für alles, was die Schöpfung uns schenkt.

Das Geschenk der kleinen Wunder

Einmal wieder im Gras liegen und den Wolken zuschauen, die über den weiten Himmel ziehen. Einmal wieder den Sand des Strandes zwischen den Zehen spüren und dem Rauschen der Wellen lauschen. Eine schöne Muschel finden, die einzigartige Form eines Steines spüren, die Lebensspuren eines Holzes entdecken, die zarte Schönheit einer Blume bewundern. Die ganze Natur sagt uns: Mensch, nimm dich nicht so wichtig. Du bist nur ein Teil der Schöpfung. Beschütze die Erde, von der du lebst. Nur dann hast du ein Anrecht, ihre Wunder zu genießen.

Geduld mit sich selbst haben

Es gibt Menschen, die haben keine Zeit, ihre Zeit zu genießen. Sie jagen nach Erfolg und finanziellem Reichtum, um alle die Dinge kaufen zu können, die ihr Leben glücklich machen sollen. Sie eilen von Termin zu Termin, weil sie glauben, nichts verpassen zu dürfen. Menschen, die keine Zeit haben, haben auch keine Geduld. Warten wird ihnen zur Qual. Wer seine Zeit genießen will muß lernen, auf Unwichtiges zu verzichten. Es gibt nur wenige Verpflichtungen, die wirklich wichtig sind. Bequeme Gewohnheiten sollten hinterfragt werden. Ist es denn wirklich wichtig, sich das Leben im Fernsehen vorführen zu lassen, statt selber zu leben?

Die Freude des Zusammenseins: ein Fest

Der Tisch ist der Mittelpunkt der Wohnung. Er ist der kleine Bruder des Altars, um den sich die Gemeinde versammelt. Kann man sich ein größeres Behagen vorstellen, als mit den Menschen, mit denen man in Freundschaft und Liebe verbunden ist, um einen Tisch zu sitzen, und Essen und Trinken miteinander zu teilen? Das sind Höhepunkte des intensiven Lebens, wenn die Gespräche hin und her gehen, wenn Lachen ertönt und Gläser klingen. Die Freude des Zusammenseins ist allemal höher zu bewerten als die opulentesten Speisen. Lieber öfter bei Brot und Käse mit Freunden zusammensitzen, als nach wochenlanger Planung und vielen Mühen bei teuren Spezialitäten.

In der Stille finden wir die Kraft

Stille ist ein ruhiger Hafen am tosenden Meer der hektischen Zeit. In der Stille können wir immer vor Anker gehen, wenn wir glauben, uns vom Ballast der Umstände befreien zu sollen, und wenn wir die frischen Vorräte der Selbstbesinnung an Bord nehmen müssen. Wenn wir erfahrene Steuerleute unseres Lebensschiffes sind, finden wir auch dann, wenn uns stürmischer Wind entgegenbläst, einen kleinen sicheren Ankerplatz, bevor wir in einem Wochenendhafen oder in der Urlaubsbucht unser Schiff wieder flott machen.

Auf die innere Stimme hören

Wer allein ist muß nicht einsam sein. Wenn niemand in unserer Nähe ist, der uns beeinflußt oder für uns entscheidet, müssen wir unsere Entscheidungen für uns ganz alleine treffen. Dann haben wir Gelegenheit, auf unsere innere Stimme zu hören, unseren Gedanken nachzuspüren oder einen inneren Dialog zu beginnen und unsere Zeit nach eigenem Ermessen zu gestalten. Wer die Zeit des Alleinseins in harmonischer Übereinstimmung mit sich selbst genießen kann, tritt ausgeglichen und ein wenig weiser wieder in seinen Lebenskreis ein.

Kleine Fluchten für Körper, Geist und Seele

Ob in der Familie oder allein: Manchmal ist es gut, nicht erreichbar zu sein. Dazu muß man nicht unbedingt verreisen. Für solche kleinen Fluchten reicht es schon, die Haustürklingel und das Telefon abzustellen, um es sich dann richtig gemütlich zu machen. Körper, Geist und Seele haben so die beste Gelegenheit, sich zu erholen. Wer mag, kann ein wohlig entspannendes Bad nehmen, kann das interessante Buch zu Ende lesen, Musik hören soviel er will, Spiele spielen oder romantisch speisen. Ein Luxus auf der eigenen Insel, der nicht viel kostet.

Zeiten der Entspannung genießen

Für viele berufstätige Menschen zählen die Stunden am Freitagabend zu den schönsten der Woche. Die Anstrengungen der Arbeitszeit sind bewältigt und der Montagmorgen ist noch fern. Zeit zum Entspannen, Zeit zum Genießen, Zeit, miteinander zu sprechen, Zeit für Theater, Kino oder Konzert, Zeit für angenehme Beschäftigungen, die während der Woche zu kurz kommen oder nicht möglich sind. Stunden, auf die man sich schon in den Zeiten der Anspannung freut. Darum sollten sie uns kostbar sein.

Die richtige Einstellung finden

Fast jeder in unserer Gesellschaft hält es für unmöglich, bei anstrengender oder langweiliger Arbeit seine Zeit zu genießen. Doch das ist eine Frage des Blickwinkels und der eigenen Einstellung. Die eigene Zeit ist das Kostbarste, was der Mensch besitzt, denn seine Zeit ist sein Leben. Wer nicht mit dem in Einklang ist, wofür er seine Lebenszeit investiert, wird Schaden nehmen. Darum muß sich ein jeder fragen, ob er einverstanden ist mit dem, was er tut. Wer auch nur zu der Antwort kommt: irgendwie schon, findet auch Wege zu mehr Zufriedenheit und Erfüllung. Wer bereit ist, für seine Arbeit einzustehen, wird sie freudiger, kreativer und erfolgreicher gestalten. Was wiederum dazu beiträgt, die Zeit seiner Arbeit zu genießen.

Gelassenheit im Alltag

Das Leben ist zu kostbar, um sich unnötig zu ärgern. Natürlich kann man sich aus berechtigtem Grund auch manchmal heftig aufregen. Aber wirkliche Gründe gibt es dafür ganz wenige, Arglist und Betrug zum Beispiel. Ungeschick, Vergeßlichkeit und Mißverständnisse gehören nicht dazu. Wer herausgefunden hat, was ihm im Leben wirklich wichtig ist, kann den Ereignissen den ihnen gebührenden Wert geben. Wichtiger als das zerbrochene Glas ist doch, daß sich niemand verletzt hat. Wer auch in schwierigen Situationen gelassen bleibt und Klärung herbeiführt, hat einfach mehr Zeit, sich des Lebens zu freuen.

CO.6

Das Heute nicht auf das Morgen verschieben

Wer hastig lebt, gewinnt keine Zeit. Wer alles, was er tut, in möglichst kurzer Zeit erledigen will, gibt sich der Illusion hin, noch mehr bewältigen zu können. Nicht selten überfordert er sich dann. Weil Geschwindigkeit und Sorgfalt nicht immer miteinander zu vereinbaren sind, sind die Probleme schon vorprogrammiert. Ruhe und Erholung lassen sich nicht durch Hektik organisieren. Wohl aber ist es nötig, sich selbst gewisse Regeln zu setzen. Unangenehme Aufgaben nicht aufschieben. Den Terminkalender nicht zum Fetisch machen. Seine angeblich unverzichtbaren Verpflichtungen auf ihre tatsächliche Wichtigkeit hin überprüfen und die Terminplanung entrümpeln. Dafür Zeiten der Ruhe und Muße einplanen und einhalten. Niemand ist in der Lage, sein Leben um einen Tag zu verlängern. So bleibt die eigentliche Aufgabe, sein Leben nicht um einen Tag zu verkürzen.

Im Einklang mit sich sein

Die Frage: „Wie soll ich am besten leben?" schließt alle anderen Fragen mit ein. Die Antwort, was ein gutes Leben bedeutet, wird jeder in seinem Herzen finden müssen. Und je nachdem, ob mit einem guten Leben materieller Wohlstand oder eine philosophische oder religiöse Wertvorstellung verbunden ist, wird jeder versuchen, seinem Alltag Richtung zu geben. Jeden Tag und zu jeder Stunde. Wer mit sich im Einklang ist, weiß sich aufgehoben in seiner Zeit und genießt, daß ihn das Leben Tag für Tag beschenkt.

Seinem Anspruch gerecht werden

Was soll der Ärger? Sich über Dinge aufzuregen, die man nicht ändern kann, ist eine Fehlinvestition kostbarer Energie. Das Fehlverhalten des lieben Mitmenschen bemerkt man sofort, weil man den Balken im eigenen Auge meist zuletzt wahrnimmt. Es ist viel erfolgversprechender, sein Verhalten am eigenen Anspruch zu messen und seinen persönlichen Anforderungen gerecht zu werden. Denn niemand möge sich zum Besserwisser und Erzieher der Menschheit aufschwingen. Darum ist es viel angenehmer, sich über die Dreistigkeit mancher Mitmenschen nur zu wundern.

Zeit ist eine Quelle der Entspannung

Wer unangenehme Verpflichtungen ständig hinausschiebt, kann seine Zeit nicht wirklich genießen. Lästige Aufgaben lassen sich nicht leicht verdrängen. Wie aufdringliche Querulanten fordern sie Aufmerksamkeit und verlangen Zuwendung. Wie soll man sich unter diesen Umständen entspannen? Besser ist es, solche mißlichen Angelegenheiten gleich zu erledigen. Hat man das Problem dann bewältigt, fühlt man sich gleich erleichtert. Und ist in bester Stimmung, seine Zeit zu genießen.

S. 2

Seinen Traum verwirklichen

Wer den ersten Schritt tut, ist einen Schritt näher am Ziel. Wer tausend Schritte geht, ist tausend Schritte näher am Ziel. Wem es wirklich wichtig ist, ein Ziel zu erreichen, muß aufhören, darüber nur nachzusinnen und zu reden. Irgendwann hat man seine Chance verpaßt und darf sich das Etikett des Träumers und Schwätzers anstecken. Wer nicht in die Falle des „Ach-Hätte-Ich-Doch-Damals“ laufen will, sollte sich einen Ruck geben und jetzt den ersten Schritt tun, seinen Traum Wirklichkeit werden zu lassen.

Die Deutsche Bibliothek – CIP-Einheitsaufnahme

Heller, Armin:
Einfach leben / Armin Heller. – Gütersloh: Kiefel
Einfach leben und die Zeit genießen. – 2000
ISBN 3-579-05713-8

ISBN 3-579-05713-8

Herstellung: Druckerei Uhl GmbH & Co., Radolfzell
Printed in Germany